FOLHAS AO VENTO

Sumário

Palavras cruas... e cozidas 7

O Poeta Alfaiate 11

Algumas notas preliminares 15

Diamantina tem noites de amores 21

Salve! Diamantina 23

Terra Natal 25

Eram lindas e ternas namoradas 27

Noturno 29

Das montanhas azuis da minha terra 31

À Minha Terra 33

Serestas de Longes Eras 35

Salve Maria 37

Cenas do Tejuco 39

Saara 41

Espera, amigo, na Virgem Maria 43

Destino 45

Minha Mãe 47

Mãe 49

Oração à Virgem 51

Aos meus netinhos 53

Saudade 55

Prece à lua 57

Astronauta 59

Lágrimas de estrela 61

A musa do poeta 63

Ave Maria 65

Angelus 67

Ave, Gracia Plena 69

À Nossa Senhora Aparecida, nesta sua visita à nossa cidade 71

Vós sois o pão do céu 73

No juízo final 75

Primeiro prefácio

Palavras cruas... e cozidas

Entre cortes de fazendas e manequins armados, riscando o balcão, a fatiota que lhe garante o pão cotidiano, vai o poeta João Antônio Ribeiro, mentalmente fazendo versos e automaticamente cortando o pano como alfaiate de primeiro plano. É um inspirado, entendendo que das letras só colheu as primeiras e o resto veio com a autodidaxia aliada à imensa força de vontade de passar para o papel tudo o que lhe brotava no pensamento. Sem artificialismo e roupagens vistosas da linguagem, suas estrofes fluem com a espontaneidade com que foram concebidas, sem enfeites nem preocupações verbais. Seus versos cadenciados e rimados traduzem os sentimentos que lhe afloram n'alma, sem adornos que lhes desfiguram a sensibilidade. Modesto, foge das exibições. Vive da oficina para a tranquilidade do lar, onde dá asas à sua imaginação poética. Muito cedo coube-lhe a tarefa de prover a subsistência dos seus. Tornou-se minguado o tempo para se dedicar aos estudos, e também a fortuna negou-lhe meios que o fariam dedicado turiferário da deusa de seus sonhos. De origem humilde, mas honesta a toda prova, esconde-se, talvez por acanhamento, na espessa folhagem de uma simplicidade singular. De conduta ilibada, cidadão prestante, conservando o nome impoluto e limpo, é por muitos desconhecido como um dos cultores das letras. Dedilha muito veladamente a lira quando o trabalho lhe concede uns momentos de repouso. Merece destaque pelo seu passado límpido e notórias qualidades morais, mas é sensitivo ao mais leve toque de evidência. Entre seus grandes admiradores e amigos, fala pouco e ninguém jamais o viu alterar a voz, que mal encosta no nosso tímpano tal o diapasão. Seguindo à risca a doutrina do Crucificado, é um conformado com tudo que Deus traça, e não sei por que a sorte é quase sempre madrasta e raras vezes sorri aos que cantam na sua vida. Suas produções guardadas avaramente serão brevemente conhecidas, pois promete entregar ao prelo uma coletânea de poesias batizada como "Folhas ao vento". Estas folhas não voarão ao léu, aumentarão o patrimônio cultural de nossa terra, vivendo na alma do povo, que fica tendo no seu humilde cantor mais um enamorado das belezas de nosso berço natal.

Vejo nas suas poesias nossas "sempre-vivas", singelas nas formas e cujo periclíneo de brácteas brancas e resistentes cercam a inflorescência central, protegendo o mistério dos complicados fenômenos da eternidade da espécie. "Folhas ao vento" são florinhas singelas, mas dentro encontramos muito de bom para a reflexão. Se a natureza negou perfume ao enfeite de nossas campinas, deu-lhe em troca a perpetuidade. A poesia de João Ribeiro é a sempre-viva de nossos campos, é para todos os tempos, idades, épocas. Seu encanto para com o berço natal é uma de suas tônicas. Se todos os nossos vates entoaram hinos ao berço, não seria ele a exceção. Deixando de ver para com a encantadora cidade os carinhos de filho.

Num de seus sonetos cita um bando de garças que num provável voo de migração pousou sobre a sapucaia do Largo do Rosário. Encantadas, ficaram longo tempo ali, e o poeta, ao vê-las admirando nossa terra, afirmou: "Eram lindas e ternas namoradas/ da paisagem sem par da minha terra". Resguardado das correntes do modernismo poético, vai no fundo de sua alfaiataria o inspirado poeta, compondo seus versos enquanto a tesoura vai cortando o pano.

Salus
(Soter Ramos Couto)

Voz de Diamantina, 10 de novembro, 1963

Segundo Prefácio

O Poeta Alfaiate

Não fui eu quem lhe deu esse designativo, mas o saudoso Salus, num artigo que há tempos li na "Voz de Diamantina", isto em 10/11/1963, número este arranjado pelo amigo Antônio S. Neves nos arquivos da "Voz de Diamantina". Nesse seu artigo em que mantinha semanalmente seu hebdomadário, e que fez sucesso, Salus traçou o perfil do Vate-Alfaiate, que na sua humilde e modéstia, entre o cortar de fazendas e entregas de pedidos de seus fregueses, da sua "Confecção Americana", chegara a idealizar, nas suas horas de lazer espiritual ou no próprio trabalho seu de corte e costura, com as ideias em ebulição – lançar num livro suas inspiradas poesias sob este título: "Folhas ao vento".

Interessante: após regressar ao torrão natal, pelos idos de 60 e depois que mais amiúde, começamos a nos conhecer melhor através de bate-papos amáveis lá na sua tenda árabe de trabalho, na Rua do Bonfim. O seu João (como se tratava) não me falou do seu "Folhas ao vento". Teria ele só almejado este, não chegando a editá-lo?

No entanto, guardo dele, como dedicatória sua, um número do "Suplemento Pedagógico – Minas Gerais", número 13, ano II, Belo Horizonte, outubro/1972, onde nas folhas 2, sob a epígrafe: "Notícias – Diamantina", no alto desta página, está estampada a poesia de João Antônio Ribeiro – justo como se referia o Salus, impregnada de amor à nossa "santa terrinha". E que tantos menestréis e poetas diamantinenses, somente eles souberam e sabem cantar com amor e carinho.

Transcrevendo "*in totum*" esta poesia:

Diamantina tem noites de amores
Diamantina tem noites de amores...
Que poesia no seu belo luar!
Tem aurora vestida de albores
tem o poente saudoso a cismar..

Tem regatos que descem da serra
de água pura, fresca e cristalina,
quem a bebe, não esquece esta terra
não se esquece de ti, Diamantina

Não se esquece dos contos de fada,
que só tu!... – nos segreda em surdina

Vinde, amigos! De longe... distantes...
a saudade da terra, matar;

ver estrelas no céu fulgurantes
a sorrir para a luz do luar

Diamantina tem noites de amores
que poesia que ela vive a cantar
com seus campos juncados de flores
— Sempre-vivas da cor do luar!

Auras mansas, parai nos silvedos
— Escutai Diamantina a cantar

O Poeta Alfaiate era um dos últimos alfaiates vindos da Diamantina de outrora até os dias de hoje, vindo a falecer a 04/07/79, e deixou alunos dele que ainda trabalham neste ofício. Antes de ficar impossibilitado de trabalhar, era o meu alfaiate predileto, e o foi também do meu saudoso pai e filho. Além de seus ternos com arte feitos, eu o vi fazendo ainda aquelas batinas do saudoso Seminário antigo para alguns padres dessa paróquia. Viam-se na sua oficina belos quadros de modelos parisienses (que ele me dizia: tal feitio de roupa masculino), lá de 1920, estava de novo voltando nessa era moderna. Calças estreitas, paletós com ombreiras (possuindo um destes feito pelo seu João); famosos coletes, que sabia fazer. Enfim, a moda vai, mas volta de novo.

Muitos daqueles quadros eram apreciados por turistas, que passavam pela Rua do Bonfim, explicando o seu João o porquê dos mesmos, acerca da moda e sua evolução, seguida atualmente pelos que se dedicam à arte da costura.

Às tardes de sábados, uma vez sim, outra vez não, sentava-me numa cadeira ao lado do balcão, onde seu João milimetrava fazendas para ao corte de ternos; passava por ali dois dedos de prosa, com assuntos diversos de nossa terra e deste mundo maluco em que vivemos. Às vezes, tais prosas tinham quê de filosofia, abrangendo a vida e a morte.

Agora, ao passar pela sua oficina (portas fechadas com o desaparecimento do vate-alfaiate), eu fico a lembrar do Sérgio Bittencourt (outro que foi depois do seu João): "Está faltando um...", não naquela mesa de bar, mas naquela oficina na Rua do Bonfim, cuja pessoa de fala mansa muito nos animava a enfrentar nosso dia a dia, muitas vezes insípido e brutal!

Requiescat-in Pacem, poeta João Antônio Ribeiro.

Milton Meira
Voz de Diamantina, 12 de agosto de 1979

Algumas notas preliminares

Meu avô, João Antônio Ribeiro, nasceu no dia 02 de janeiro de 1894, em Diamantina, Minas Gerais – cidade em que também eu viria a nascer pouco menos de um século depois. Infelizmente, não cheguei a conhecê-lo; ele morreu em 1979, com 85 anos, oito anos antes do meu nascimento. Apesar disso, a presença dele sempre foi muito marcante: seja pelas recordações carinhosas da nossa família, pelo prestígio que ele alcançou na cidade através das suas atividades ou por sua personalidade fraternal, evidenciada no testemunho daqueles que o conheceram. Para mim, no entanto, meu avô esteve presente, sobretudo, através dos seus poemas.

Desde criança, guardo a lembrança de ouvir a minha mãe falar sobre o livro de poesias que o pai dela havia deixado preparado para publicação antes do seu falecimento. Os anos se passaram, e durante todo esse tempo, houve, por parte da família, o desejo de realizar a publicação. E é, portanto, com muita satisfação que podemos finalmente apresentar ao público a integralidade de *Folhas ao vento*.

Gostaria de me debruçar sobre esse título. Como mencionei, não conheci o meu avô. A imagem que tenho dele, ou que tento construir, combina toda uma diversidade de fragmentos biográficos e afetivos que, seguindo o fio de sua própria poética, como "folhas ao vento", chegaram a mim. O que significam, o que querem dizer? Recolho essas folhas e as observo. Busco compreender o fazer artístico ali para abrigar em mim seu ímpeto criativo. Tento conectar tudo isso que se apresenta diante de mim e percebo que isso também me constitui. Aos poucos compreendo que, se esses versos chegaram até aqui, não foi por mero acaso ou sorte: a poética de meu avô me ensina que escrever é a busca pelo encontro.

Compreendo, então, que a presença da arte em sua vida se configurou no exercício de fazer e legar. Tal legado se expressa, por exemplo, no tipo de educação que preconizou aos filhos Conceição, Jandira, José Alceu e Eunice (João Antônio, o terceiro dos cinco filhos, veio a falecer ainda criança). Além do fato de terem recebido educação formal de qualidade (inclusive com formação superior), o gosto pela literatura e o desenvolvimento de práticas artísticas foi amplamente incentivado e impulsionado na família. Ilustrativo desse ambiente artisticamente fértil, cujo cultivo remeto ao meu avô, é o fato de que todos os seus filhos aprenderam, por exemplo, a tocar piano. A certa altura, como se conta na família, havia dois instrumentos na casa em que viviam na Rua do Rosário (atual residência de minha tia Jandira). Ainda hoje me espanto quando penso nisso, apesar de sabermos da famosa aptidão cultural e artística da cidade de Diamantina.

Seguindo esse percurso em torno da minha própria ascendência, é nesse contexto de incentivo familiar e vida cultural pujante que minha mãe, Maria Eunice Ribeiro de Lacerda, seguiu profissionalmente a carreira de pianista. Formou-se no Conservatório de Música da UFMG, em Belo Horizonte, tendo sido, a seguir, nomeada diretora do Conservatório Estadual de Música Lobo de Mesquita, em Diamantina. Ademais, esteve envolvida em diversos projetos artísticos importantes na cidade e foi uma peça fundamental na engrenagem que levou Diamantina a conquistar o título de Patrimônio Cultural da Humanidade junto à UNESCO. Uma conjunção semelhante de fatores também permitiu que os filhos dela (eu e meus dois irmãos, Malvina e Sérgio) também tenhamos nos enveredado pela arte; cada qual construiu uma trajetória particular, como compositores, instrumentistas ou cantores. Tudo isso remete, de alguma maneira, àquelas "folhas ao vento" que, de geração em geração, vêm germinando na família um interesse e vocação à arte.

João Antônio Ribeiro foi um homem que viveu no Brasil do início do século passado. Na foto de capa deste livro, realizada por Chichico Alckmin em 1920, vê-se o jovem e orgulhoso alfaiate de 26 anos em frente à sua "Alfaiataria Americana". A mim, intimamente, a imagem causa ternura: também eu, quando parado de pé, flexiono os joelhos para trás e projeto o abdômen para frente, formando uma elástica postura em "S" – uma sutil filigrana que me ajuda a compor o mosaico afetivo que atravessa e orienta a minha caminhada. Mas, mais profundamente, essa imagem me causa admiração. Ela representa o sucesso profissional de um homem negro do começo do século XX. Trata-se de algo bastante moderno, intrigante e que parece escapar ao padrão da sociedade brasileira de então.

João Antônio Ribeiro conseguiu se estabelecer com notabilidade em um ambiente forjado às custas de um passado colonial complexo (ainda a se examinar e compreender mais profundamente) e conseguiu projetar uma voz através da sua prática artística, chegando mesmo a ser membro da Academia Municipalista de Letras de Diamantina, ocupando a cadeira de número 28, e também de outras associações em Diamantina – a cidade que, ao longo do livro, ganha status de musa e é apreendida a partir de várias elaborações poéticas. Ainda nesse sentido, cabe mencionar que vários de seus poemas chegaram a ser publicados em vida, no jornal da cidade, o que, novamente, se considerarmos seu contexto de produção, constitui, provavelmente, uma exceção à lógica editorial do país de então.

Acredito que a presente publicação suscita múltiplos interesses, constituindo matéria de deleite artístico-literário, bem como de investigação teórica em vários âmbitos, tais como história, estética e sociologia. A experiência afrodescendente no país, sobretudo no período do pós-abolição, ainda está por ser mais amplamente compreendida e tanto a produção como a trajetória de João Antônio Ribeiro jogam luz à riqueza, complexidade e diversidade dessa experiência. Se anteriormente me referi à dinâmica do fazer-legar como algo constituinte da prática artística de meu avô é porque a essa altura já não se pode mais separar tal binômio da própria experiência afrodiaspórica brasileira. É da lógica da diáspora dispersar para germinar.

O que se verá a seguir é a curadoria do próprio poeta a respeito dos seus poemas; antes do seu falecimento ele deixou este livro organizado para uma futura publicação. Com exceção dos poemas "Aos meus netinhos" e "Lágrimas de Estrela", todos os outros foram publicados separadamente, entre as décadas de 50 e 60, no jornal da cidade, *A Voz de Diamantina*.

É com imensa felicidade, portanto, que essas

folhas voam finalmente ao vento, ao encontro dos seus futuros leitores.

Boa leitura!

César Ricardo Ribeiro Lacerda
Fevereiro, 2022.

Diamantina tem noites de amores

Ao Salus, com a imorredoura gratidão de J. Antônio Ribeiro

Diamantina tem noites de amores...
Que poesia no seu belo luar!
Tem aurora vestida de albores
tem o poente saudoso a cismar...

Tem regatos que descem da serra,
de água pura, fresca e cristalina.
Quem a bebe, não esquece esta terra
não se esquece de ti, Diamantina

Não se esquece dos contos de fada,
que só tu!... – nos segreda em surdina

Vinde, amigos! De longe... distantes...
A saudade da terra matar;
ver estrelas no céu fulgurantes
a sorrir para a luz do luar!

Diamantina tem noites de amores...
Que poesia que ela vive a cantar
com seus campos juncados de flores.
– Sempre-vivas da cor do luar!

Auras mansas! Parai nos silvedos!
– Escutai Diamantina a cantar!

Dezembro, 1969

Salve! Diamantina

Foi em março. As estrelas fulgurantes
perguntaram às nuvens fugitivas:
– O que há lá na terra viandantes
que correis, e nos céus vós sois esquivas?

Os vergéis florescidos tão distantes...
Se vestiram de brancas sempre-vivas;
quem perturba com gritos delirantes
o velar das estrelas pensativas?...

– Não sabeis?... Cintilai e vinde ver!
Lá tudo é festa! Acaba de nascer
a princesa do norte! – A flor mais fina...

– Vinde, irmãs! Festejai, o nome é lindo!
E as estrelas ficaram repetindo!
"Salve! Mil vezes salve! Diamantina"

Março, 1958

Terra Natal

Nesta encosta de serras verdejantes
onde as casas se vestem de opalina
e ficam a dizer aos viandantes
descansai por aqui! – eis Diamantina!

Estas águas que caem espumejantes
do regaço amoroso da colina,
que segredos que dizem murmurantes!
Beijemos estes pés... é Diamantina!

Aqui do alto é a cruz que tanto brilha.
É ela que ilumina a nova trilha
que serpeia na serra alcantilosa!

Ajoelhado, não sei se estou rezando...
Vou sentindo os meus lábios murmurando:
"Minha terra natal, como é formosa!".

Maio, 1962

Eram lindas e ternas namoradas...

Quando à noite os astros tremulavam
pela hora em que a lua se desmaia,
vinham as garças voando e se assentavam
na copa alta do pé de sapucaia

As pessoas descuidadas que passavam...
– Olhando-as como neve no Himalaia
será que estão pensando? – Perguntavam:
– Que a estrela a correr... o voo ensaia?...

Por que vão deslizando tão serenas
despertando inveja às gentis falenas
e posando além lá na cruz da serra?...

"Estas garças tão brancas alvejadas
eram lindas e ternas namoradas
da paisagem sem par da minha terra"

Maio, 1963

Nota do autor: *A visita dessas garças à nossa cidade deu-se numa noite enluarada de maio de 1915. O pé de sapucaia existia ao lado direito da casa onde funcionava a escola do saudoso professor João Procópio, no Largo do Rosário.*

Noturno

Quando a noite estende em minha terra
este manto de estrelas constelado.
Meu pensamento pelo espaço erra...
Talvez levado por um anjo alado

Que canta tudo quanto o mundo encerra
de belo e simples em mavioso fado
e vou sentindo que o cantar desterra
esta saudade que me segue ao lado.

E vós, ó nuvens, como garças brancas
por que entrardes pelas portas francas
do azul do céu?... Buscais bem longe... um pouso

Mas não leveis a lua solitária e triste!
Ficai, ó lua! E ela comigo assiste
à prece imóvel do Itambé saudoso.

Dezembro, 1961

Das montanhas azuis da minha terra

Olhai bem longe a princesa amada
que se veste de flores na campina,
de arrebóis da tarde purpurina
e de luar de noite constelada.

Quando vem chegando a madrugada
vão as aves saudá-la em cavatina,
seus gorjeios se juntam à matina
de luz, de cores vivas da alvorada!

Vês? É bela! Linda! É Diamantina!
Cercai de longe! Firme, bem postado,
guardai o ouro que seu seio encerra!

— Diz o Itambé! — como quem domina
um exército firme, bem formado
de montanhas azuis da minha terra.

Dezembro, 1954

À Minha Terra

Ao Exmo. Dr. Juscelino Kubitschek de Oliveira

> *"Só heróis ou santos"*
> *Antônio Torres*

Quando chego na porta dos cismares,
pela hora em que o dia vai fugindo...
Encontro a brisa vinda de outros ares
num murmúrio de amor que fico ouvindo:

– A voz das verdes selvas seculares,
que elevando seus braços para o alto,
com o canto das aves nos palmares,
te saúdam lá nos longes do planalto:

"Abençoada és! Nós te amamos tanto,
Diamantina! És uma só família
de Deus! Ele que não escolheu o santo,
porque te deu o herói... que criou Brasília"

Julho, 1960

34

Serestas de Longes Eras

Dizem que esta terra foi outrora
grande Meca de Bardos trovadores,
quando a noite ia em meio pela hora...
Vinham eles cantar os seus amores.

No Tijuco? – Além, quem sabe agora?
Eles cantavam todos os seus ardores...
Despediam ao ver a luz da aurora...
Esquecendo da vida os dissabores...

– Quando a luz vem vindo vagarosa...
Noiva de astros, bela, tão formosa,
"Cantos idos" voejam pelos ares...

– Vão chegando ao beiral do meu postigo
talvez gemido de um saltério antigo.
São arpejos que vêm com seus cantares...

Maio, 1976

Salve Maria

De doze estrelas fostes vós coroada
tendes aos pés a piedosa lua.
Do Divino Espírito: – a esposa amada.
– Toda graça: – nas nossas mãos flutua

Salve, Maria! Que no albor da aurora
brilhou no céu, a Estrela Matutina
vem aclarando a nossa vida afora...
Trazendo a paz à nossa Diamantina.

Salve, Maria! Pela serra ecoa...
A voz dos sinos na quebrada voa...
Festival ressoa neste grande dia.

Estenda a nós os luminosos braços!
Que a nossa voz sem temer cansaços
chegue até vós, ó, Mãe: – Salve, Maria!

Outubro, 1966

Cenas do Tejuco

Cajuby, A Noiva

Era a tribo a vibrar. Raiava o dia
flechas, índios, borés em profusão
o Pagé grave a olhar não via...
O noivo e a noiva nesta confusão

O noivo, forte, a onça não temia:
Desafiava-a, só, na escuridão...
Ela, o encanto da taba, só queria...
Como flores, a viver na solidão

– Correm os índios rumo do Ibitira...
O noivo, o forte, o bravo, está prostrado
e a noiva, em pânico a correr, delira

O noivo ao pé dum buriti...
Podia ver-se o coração varado
pela seta mortal de Cajuby.

Março, 1968

Saara

Aos meus amigos

Viajor. A minha tenda no deserto.
Armei contrito no areal sozinho.
Não encontrei no meu destino incerto
outras passadas sob o meu caminho

Ardente o sol, queimava-me de perto
o passo errante a procurar carinho.
De uma ilusão, que num voar bem certo,
viesse em meu peito construir seu ninho.

Tudo foi sonho! Que acordar pungente!...
Bem vejo ainda e o meu corpo sente
a mão direita contorcida ao lado,

Como se fosse à força, ela arrancar quisesse
este deserto que morar, parece
dentro em meu ser: – no coração gravado!

Dezembro, 1957

Espera, amigo, na Virgem Maria

Ao coração

Eu quero um canto teu! Levanta!!!
Achas a trilha do viver tão bruta?...
Desponta a aurora! A terra encanta!
Trina bem alto, sem temer a luta.

Canta, meu pássaro cativo, canta!
Pois meu pranto não terá permuta
por que me pedes com instância tanta?
Nada posso fazer, minh'alma escuta:

Eu sou mais pobre que Jó na Bíblia!
Mesmo os profetas dos confins da Líbia...
Não saberão o que traçou a sorte.

Espera, amigo, na Virgem Maria
com amor e fé! E no final... um dia:
Voarás, sorrindo, do estendal da Morte.

Dezembro, 1967

Destino

Por ocasião do meu aniversário

Impossível lembrar!... Mas... vou lembrando
do dia em que nasci! Foi no verão.
As queimadas sem dó foram deixando
esqueletos de árvore pelo chão.

Veio um velho, bem velho, aproximando...
Parecendo um profeta do Alcorão,
abriu um livro e me disse anotando:
– Eis tua vida: os teus dias aqui estão.

Toma! Vai-te! Tu bem vês, é janeiro
não tem flores; tristonho o jasmineiro.
Uma flor não deu neste duro estio!...

"E o Destino de barbas de algodão,
com um vaso humano a pulsar na mão
me pôs no peito: o coração vazio".

Março, 1964

Minha Mãe

Bem me lembro: chamava-se Onória
a velha que vivia a me contar
que as mães, quando morrem, vêm da Glória
e aos filhos aparecem no Sonhar

Criança, não me saía da memória,
a beleza que eu me punha a recordar,
do mimo, da leveza dessa história
como um conto de fada pra embalar!

Mas um dia... vinha lá do campanário
o som de um sino, grave, funerário,
que da minha mãe anunciava o fim

Consola-me de a ver nos sonhos meus
como um anjo que vem das mãos de Deus
e abre as suas asas sobre mim

Janeiro, 1955

Mãe

Aos meus filhos

Perguntei à aragem que passa
uma rima de mãe! Onde achar?
Nessa nuvem que no alto esvoaça?
Ou na estrela que acena a brilhar?

Mas a brisa me disse sorrindo:
"Hoje é Dia das Mães; eu jurei
de beijar-lhes as mãos; vou seguindo...
Perguntai, pois, à musa – Eu não sei"

Vinde, ó, musa! Inspirai por piedade!
Uma rima eu Vos peço! Ensinai!
Para um canto de amor e saudade,
a mamãe, que já é morta, falai...

Mas a musa, encostada a meu peito,
minha lágrima ao seu seio guardou,
com o olhar em tristezas desfeito,
com meiguice na voz, me falou:

"Este nome aqui não tem rima
porque Deus, ao criá-la, escreveu

um poema, que hoje lá em cima
os anjinhos declamam no céu"

Maio, 1957

Oração à Virgem

Dia das Mães! Do amor e da bondade
volvei-me, ó, Virgem, estes vossos olhos,
para que eu possa nessa claridade
evitar o mal, evitar abrolhos.

Mãe de Deus! Mãe de Paz! Nossa Senhora!
Venho depor sobre esse altar bendito
o que achei dentro deste peito agora,
dentro do coração que ora contrito

Mimos não encontrei; só tinha as preces
que aqui vos faço. Para mim volvei
estas mãos que têm toda graça em messes,
só uma peço e sempre pedirei:

"Quando eu cansado vir chegar o dia,
que virá certo, e bem contado vem...
que eu descanse bem junto a vós, Maria,
mas juntinho de minha mãe também."

Abril, 1960

Aos meus netinhos

Eu peço ao menino Jesus
neste belo e santo Natal
que ilumine com a santa luz
a estrada dos meus netinhos;
e os livre de todo o mal
e os faça sempre bonzinhos.

Estes votos que peço agora
ó, bom Deus; aqui onde estou
que os guie à luz dessa aurora
os desejos bons do Vovô.

Dezembro, 1961

Saudade

À Etelvina

Já faz tempo. O gênio triste da saudade
veio sentar comigo em minha porta;
e me disse, talvez com bem maldade:
"Eu vim ficar contigo, não se importa?"

O teu destino, amigo, sempre há de
mandar que eu te acompanhe; e não conforta
a dor que tens, e tanta ansiedade
de rever a esperança, quase morta!

Vamos! Que nesta senda, teu caminho,
eu vou seguir-te bem devagarinho,
e contarei teus dias, passo-a-passo..."

Anos passaram... A vida já declina!
E o gênio da saudade ainda se inclina,
envolvendo o meu ser em seu regaço.

Abril, 1956

Prece à lua

Vós, que no passado me fizestes bardo nas noites lindas da minha terra; hoje que os sábios da astronomia vos mandam o Lunik 9, "mensageiro da ciência humana", para pousar no vosso âmago e transmitir-lhes os vossos mistérios. Eu, recolhido no mosteiro da minha saudade, vos envio essa prece, ó rainha da noite.

Hinos celestes: misticismo santo
na abóboda azul da amplidão flutua
toda de branco e virginal encanto,
noiva dos astros, vem surgindo a lua.

Desfila em luzes no estrelado manto.
E quanto é bela! Que bondade a sua!
Ela me inspira neste triste canto
beijando o cardo da planície nua.

"Desdêmona do céu! Vem, lua branca,
dá-me conforto. Neste peito estanca
esta saudade que me aponta abrolhos...

E lentamente vai se diluindo
em gotas d'água, que me vão caindo
da fonte amarga perenal dos olhos"

Março, 1966

Astronauta

Ao Cônego Walter

Astronauta eu me fiz e fui voando...
Pelo espaço da minha fantasia.
No trajeto do meu voo, encontrando
corpos, que no sidéreo reluzia...

Um cometa de cauda foi passando...
Portador de luz: em clarões seguia...
"Descerei contigo"... Eu lhe murmurando:
– Vi que sua luz, tristonho amortecia.

Perdoa-me, mensageiro das galáxias!
– Tu não podes andar nas trilhas baixas
lá da terra toda em escuridão...

Olhei a terra sepultada em brumas...
Grande parte dela em ódio e escumas
"Esquecida de Deus!... Sem salvação!".

Agosto, 1965

Lágrimas de estrela

Branca estrela que estais no firmamento
a tremer e a luzir neste brilhar
escutai-me a dizer: neste momento,
onde mora o lenir do meu sonhar?

Ela, que sempre em sonhos me aparece,
em que sede tão longe se escondeu?
Porque não quer ouvir a minha prece
nesta voz tão tristonha que sou eu.

Ela tem o vestido cor de neve,
de lantejoulas todo salpicado;
quanto alvor | Quanto encanto | muito leve...
Fostes vós quem o fez assim bordado?

A sua voz, quando canta nos caminhos
do céu, que paz me traz o seu cantar
e o coração?... Se enleia nos arminhos
desse canto mavioso de embalar.

O seu nome não sei... Felicidade?
Murmurai-lhe na calma desta noite
que o meu peito gemente de saudade
já não quer suportar tão duro açoite.

E talvez por ouvir meu lamento,
uma lágrima dela desprendeu;
como se fosse um breve desalento,
na amplidão do infinito se perdeu.

Vinha bem longe o despontar do dia;
Mais um rastro de luz se deslizava
embuçada nas nuvens, que diria?...
Era a estrela tão linda que chorava.

Março, 1959

A musa do poeta

À memória de Hermes Pires Leão

Deixa-me a lira que na mão sustenho,
disse o poeta ao pressentir a morte.
Este é o bem que no viver eu tenho,
que me legou o vendável da sorte.

Carpindo a vida, já de longe venho
cantar, não pude desta vida o porte
deixai-me ao menos oscular o lenho
antes que o fio desta vida corte

Porém, a Parca arrebatando a lira
tornou-a em virgem de alvacento véu
– Vês? É tua musa que por ti suspira

Voa com ela neste teu cantar:
"Das duras penas vindas lá do céu
Fizestes as asas para aos céus voar"

Agosto, 1958

Ave Maria

Quando à tarde a brisa do além suspira
nos vergéis desta terra ao sol poente
como dedos celestes numa lira
a tocar vibrações... N'alma da gente

É o coração humano que aspira
voar para o além! E quem não sente
uns anseios do dia que fugira
aos dobres deste sino tão plangente?

Oh, ângelus! Oh, voz do campanário!
Que as contas benditas do rosário
me fazes desfiar em constrição.

Ave Maria... Ajoelha-te minh'alma
nesta hora Deus no céu em ti espalma
a graça redentora do perdão

Dezembro, 1956

Angelus

Ao bom amigo, Professor José Augusto Neves

O crepúsculo vem caindo, é tarde!
A voz do sino nos convida a orar,
leito de nuvens, de arrebol e estrelas,
fez o poente para o sol deitar!

Alongo a vista para o Santuário
de Santo Antônio, o seu protetor,
mãos humildes que se elevam em preces,
pedindo graças pra seu diretor.

Feliz de vós! Que na nossa terra
aliviaste a dor do pobrezinho aflito!
Feliz de vós! Que soubeste ter
nas mãos de Deus o vosso nome escrito.

E esta brisa roçagante e leve,
que passa breve e vai seguindo além...
Vem contar-nos que os anjinhos ledos
estão nos céus a nos dizer Amém!

Setembro, 1955

Ave, Gracia Plena

Por ocasião da visita de Nossa Senhora de Fátima à nossa casa

Entrai, Senhora, que essa casa é vossa,
sede bem-vinda nesse humilde lar
traz-nos a paz nesse Vosso entrar,
Mãe de Jesus e também Mãe nossa.

E ao beijar o vosso branco véu
dai-nos em paga desta hospedagem,
da Vossa Graça – uma branda aragem
a aragem santa que vem lá do céu.

Outubro, 1954

À Nossa Senhora Aparecida, nesta sua visita à nossa cidade

Sei que velais por mim no meu sonhar
me trazendo a paz que em vós contém.
Sei que vossas mãos estão a me guiar...
O farol de luz: Vossas mãos detêm.

E que suavidade é vosso cantar!...
Tem as vesperais de um sumo bem.
Quando a tristeza me vier falar
não me abandonais! – eu vos peço: Vem...

Vem com vosso canto acalmar as mágoas
que meu peito tem; que no meu peito trago-as;
"Ó, Virgem casta de estrelado véu!..."

"Nem sei se as cordas do alaúde tanjo
quando ouço em êxtase esta voz de anjo
cantando os 'Salmos' nos jardins do céu".

Maio, 1965

Vós sois o páo do céu

Meu Senhor e meu Deus! Orando estou
bem pertinho, Senhor, do vosso altar;
é bem longe, talvez, por onde eu vou
deixai-me um só momento descansar.

Os meus passos eu tive em desalinhos
na vereda da grande caminhada!
onde os cardos e as pontas dos espinhos
me feriram os pés... na rude estrada.

"Abri, meu Deus, a porta do Sacrário!
Vinde, meu Senhor, meu bondoso Pai,
dai-me o Vosso Pão no meu itinerário!
Meu Pai e meu Senhor, para mim olhai!...

Como estou exausto no caminho!... Vede?...
Seja bendito o Vosso Santo nome!
Vós sois a água viva! – eu tenho sede...
Vós sois o Pão do céu! – eu tenho fome"

Março, 1961

No juízo final

Um pedido à Nossa Senhora

Excitando o ódio e apregoando a guerra
vem bem de longe... da Ásia no confim.
A paz do Cristo a desertar da terra...
Tudo parece ter chegado ao fim.

Feliz daquele que puder ouvir
da trombeta grave, da tuba celeste:
– Vinde bendito!... podereis subir
– Ó, eleito, vinde: para o alto, suba!

Ai daquela alma que durante a vida
viveu no jugo do poder no averno:
Com tristeza e dor ouvirá sentida:
"Ide, maldita, para o fogo eterno".

Então os corpos, os falecidos corpos,
hão de se levantar do bragal do pó
dos que andaram pelos caminhos tortos;
a esperança e a fé: fugirão sem dó.

E quando a lua, a piedosa lua,
vier rezar nas Catedrais dos ermos...

O Juiz Divino que a justiça atua
porá nos dias deste mundo os termos.

"E Vós, Maria nossa Mãe!... Maria,
a porta do céu nos abriu por Vós!
Rogai, pois, a Deus. "Neste grande dia:"
"De ter piedade e compaixão de nós".

Julho, 1966

Esta obra foi composta em Arno pro light 13
para a Editora Malê e impressa na gráfica TRIO,
Rio de Janeiro em dezembro de 2023